AF305606

CORA,

OPÉRA EN QUATRE ACTES,

REPRÉSENTÉ

POUR LA PREMIERE FOIS,

SUR LE THÉATRE

DE L'ACADÉMIE-ROYALE

DE MUSIQUE,

Le Mardi 15 Février 1791.

PRIX XXX SOLS.

A PARIS,

De l'Imprimerie de P. DE LORMEL, Imprimeur de ladite Académie,
rue du Foin Saint-Jacques, à l'Image Sainte-Geneviéve.

On trouvera des Exemplaires à la Salle de l'Opéra.

M. DCC. XCI.

Les Paroles de M***.

La Musique de M. MÉHUL.

ACTEURS ET ACTRICES
CHANTANS DANS LES CHŒURS.

Côté de la Reine.		Côté du Roi.	
Mesdemoiselles.	*Messieurs.*	*Mesdemoiselles.*	*Messieurs.*
Emil. Gavaudan.	Martin.	Courneuve.	Rey.
Leclerc.	Legrand.	Manthe.	Le Coq.
Dubuisson.	Poussez.	Launer.	Chapelot.
Rouxelin.	Duplessier.	Macker.	Westminster.
Garrus.	Touvoys.	Beaumont.	
Sanctus.	Pingat.	Davide.	
Delaigle.	Delboy.	Desmarais.	Tacusset.
Gouémelle.	Cavallier.	Marinville.	Le Roux, 1.
Ballassé.	Moulin.	Clozet.	de Lori.
Vadée.	Jouve.	Méziere.	Bouvard.
Gambais.	Duchamp.	Duchesne.	Joinville.
	Débeirk.		Rouen.
	Bourbier.		Chévrier.
	Ramey.		Le Roux 3e.

ACTEURS.

ATALIBA, *Roi de Quito*,   M. Laïs.

ALONZO, *Général Espagnol*,   M. Rousseau.

LE GRAND-PRETRE,   M. Chéron.

CORA,   Mlle Gavaudan, c.

ZÉMOR, *Pere de Cora*,   M. Chardini.

ZILIA, *Mere de Cora*,   Mlle Maillard.

ZULMA, *Amie de Cora*,   Mlle Mullot.

UN GUERRIER,   M. Martin.

PRETRES ET PRETRESSES DU SOLEIL.

VIERGES.

GUERRIERS PÉRUVIENS.

GUERRIERS ESPAGNOLS.

PEUPLE.

La Scène est à Quito.

PERSONNAGES DANSANTS.

ACTE PREMIER.
VIERGES.
Mlle MILER.

Mlles Jacotot, Beaujon, Barré, Trillan, Rafilly, Langlois, Gabrielle, Bourgouin, Laborie, Defpages.

ACTE SECOND.
PERUVIENS & PÉRUVIENNES.

M. GOYON, Mlle CHEVIGNY.

M. LAURENT, Mlle DUVALY.

M. BEAUPRÉ, Mlle SIMON, c.

Mrs Coulon, Largiere, Bozon, Colbert, Joly, Eve.

Mlles. Henriette, Denife, La Cofte, Chenneval, Laborie, Gafpare.

ACTE QUATRIEME.
VIEILLARDS.

Mrs Abraham, Le Bel, Le Breton, Richard, Honoré.

JEUNES GENS qui disputent les prix des Jeux.

M.rs NIVELON, LABORIE, FRÉDÉRIC,
LE BŒUF, GAINETEZ, BEAUPRÉ.

M.rs Coulon, Deschamps, Cantagrelle, Eve.

M.me. PERIGNON.

M.lles Jacotot, Beaujon, Barré, Trillau.

PÉRUVIENS.

M. FABVE.

M.rs Simonet, Milon, Dupin, Lhuillier, Guillet,
Delahaye, Blanche, Béguin.

PÉRUVIENNES.

M.lle COULON.

M.lles Bigotini, Courtois, Garnier, Prudhomme,
Durozeau, Bourgouin, Langlois, Rasilly.

CORA,

CORA,
OPÉRA EN QUATRE ACTES.

ACTE PREMIER.

Le Théâtre représente le Temple du Soleil & des édifices Péruviens dans une Campagne sur le bord de la Mer.

SCENE PREMIERE.
CORA, ZULMA.
CORA.

Avec toi dans ces lieux j'ai devancé l'aurore :
Mes yeux n'ont pu goûter les douceurs du som-
meil.

A

Tout dort, tout repose encore ;
Pardonne à mes terreurs, j'ai hâté ton réveil.
Près de ce temple auguste un instinct m'a poussée :
J'y venois sur mon sort interroger les cieux ;
Mais mon effroi redouble à l'aspect de ces lieux,
Et des plus grands malheurs mon ame est menacée.
La fête du Soleil commence avec le jour.

Ce Dieu, par la voix du grand-Prêtre,
Va, dit-on, nous faire connoître
L'objet qu'a choisi son amour.

Z U L M A.

A cet honneur, Cora sans doute doit prétendre !

C O R A.

Si le ciel parle, il faut me rendre,
Je le fais, je dois obéir ;
Mais si tel est mon sort, tu me verras mourir.

Z U L M A.

Qu'est devenu ce bonheur si paisible ?
De l'heureuse Cora le sort a pu changer ?

C O R A.

Tu le connois cet étranger,
Ce héros vertueux, ce guerrier invincible ?

ZULMA.

Alonzo?

CORA.

Des mortels il est le plus sensible.
Il m'aime, il est touché de mes foibles appas.
Depuis qu'il est sur nos rivages,
Tout est changé dans ces climats :
Tout s'adoucit, nos mœurs, nos vertus, nos cou-
                                                    rages

Moins féroces dans les combats,
Plus humains après la victoire,
Il nous fait aimer une gloire
Que nos cœurs ne connoissoient pas.

ZULMA.

Jour heureux ! où le ciel lui montra cet asyle,
Où ce héros vint s'offrir à nos yeux !

CORA.

Que me dis-tu, Zulma ?.... mon cœur n'est point
                                        tranquille,
L'image d'Alonzo me poursuit en tous lieux....
Tu vois mon trouble, hélas !... il n'est plus tems
                                        de feindre ;
Ses vertus dans mon sein ont allumé des feux

4
CORA,

Qu'aucun effort ne peut éteindre. . . .
Son absence me livre à des tourmens affreux.
Ce jour solemnel & terrible,
Mes funestes pressentimens,
Mon amour, mes combats, un charme irrésistible,
Dans un trouble mortel tout égare mes sens.

ZULMA.

Vers ce temple déja tout un peuple s'avance.

CORA.

Allons, puisqu'il le faut, remplir un saint devoir.
Sans un trouble nouveau pourrai-je hélas! les voir,
Ces Vierges dont le cœur respire l'innocence!

SCENE II.

ATALIBA, LE GRAND-PRÊTRE, LES PRÊTRES, LE PEUPLE.

CHŒUR.

Dieu du jour! Dieu bienfaisant!
De l'univers chasse la nuit obscure!

Viens par tes feux ranimer la nature !
Viens recevoir les vœux d'un peuple qui t'attend !

LE GRAND-PRETRE.

La lumiere renaît aux bords de l'Orient....
Un plus grand jour succede à la naissante aurore.
Déja le firmament se dore
D'un feu plus vif & plus brillant.
Du milieu d'un embrâsement
Le Dieu du jour sort & s'élance.

CHŒUR.

Elevons jusqu'à lui l'hommage de nos cœurs ;
Et que notre reconnoissance
Sur l'Empire & sur nous attire ses faveurs.
» De la guerre qu'allume une injuste vengeance,
» Dieu puissant, de ces bords écarte les horreurs.

SCENE III.

LES PRÉCÉDENS, CORA, DES VIERGES.
CORA.

Compagnes de Cora qui, de simples offrandes,
Venez honorer ces lieux saints ;

Au Dieu du jour préfentez ces guirlandes
Qu'entrelacent ici vos innocentes mains.
» Cette chaîne de fleurs fi belle, fi charmante,
   » Eft l'image la plus touchante
» Du lien qui devroit unir tous les humains.

A T A L I B A.

Dieu des Incas ! ô Soleil ! ô mon pere !
   Exauce les vœux que je fais.
   Adoucis le cœur de mon frere !
Fais-lui fentir tout le prix de la paix !
L'empire du Pérou gémit de nos querelles ;
   Que nos haines mutuelles
   Difparoiffent pour jamais !

C H Œ U R.

Périffent les projets d'un frere trop barbare :
Cet empire eft à vous par nos vœux & nos loix.
Détournons fur lui feul les fers qu'il nous prépare.
Nous jurons tous de défendre vos droits.

A T A L I B A.

Cet Efpagnol !

C O R A. (à part.)

O Ciel !

ATALIBA.

Ce guerrier magnanime.
Alonzo fur ces bords renvoyé par les cieux
Aux yeux d'un Prince ambitieux
Fait parler dans Cufco la vertu qui l'anime.

TOUS.

S'il apportoit la paix, ô jour cent fois heureux !

ATALIBA.

Cependant pour calmer de trop juftes allarmes,
J'ai de la guerre ordonné les apprêts.
Mais pour mieux affurer la gloire de nos armes
Du Dieu de ces climats, confultons les décrets.

LE GRAND-PRETRE.

Peuples, fuivant nos loix & cet antique ufage,
En ces jours folemnels au Soleil confacrés,
Jours de fête & d'hommage
En tout temps révérés.
L'objet le plus touchant, le plus beau de l'empire,
Doit porter jufqu'au ciel notre encens & nos vœux.

(*Après une paufe & l'air de l'infpiration.*)

C'eft vous Cora, c'eft vous que le ciel vient d'élire.

CORA;

TOUS.

Cora !

ZILIA.

Ma fille ?

CORA.

A peine je respire !

ZILIA.

(*à sa fille.*)
Quel beau jour !

ZÉMOR.

Quel honneur !

LES VIERGES.

Quel sort plus glorieux !

CORA (*à part.*)

Alonzo !... c'en est fait !... ô destin rigoureux !

LE GRAND-PRETRE.

Quelle gloire plus éclatante
Que d'enflâmer le Dieu du jour !
Du haut de sa course brillante
Il vous prodigue son amour.

Mais

Mais craignez auſſi ſa colere.
L'inconſtance la plus légere
Devient le plus grand des forfaits.
Une loi terrible & ſevere
Condamne l'infidelle & ſa famille entiere,
A diſparoître pour jamais
De la ſurface de la terre.

CORA (à part.)

Quel arrêt !… je frémis …. ô mortelles douleurs.

LES VIERGES.

Epouſe du ſoleil que vous êtes heureuſe !
Que votre deſtinée eſt grande & glorieuſe !

CORA.

Chere Zulma, cache mes pleurs.

LE GRAND-PRETRE.

Aux pieds de ces autels jurez d'être fidelle,
Et de remplir vos ſaints engagemens.

CORA.

Je croyois la vertu plus touchante & plus belle
Sans la contrainte & les ſermens.

CORA;

LE GRAND-PRETRE.

Ils sont l'appui de la foiblesse.

CORA.

Cet appui que le ciel me laisse
Adoucira-t-il mes tourmens.

LE GRAND-PRETRE.

Obeissez Cora, sans plainte & sans murmure.

CORA.

Dans ton temple , ... ô Soleil ! . . je te promets . . . .
je jure . . . .
De vivre pour toi seul , pour tes divins autels.
Je renonce à tous les mortels ,
A tout ce que j'aimois , à toute la nature :
Je me soumets aux décrets éternels.
Grand Dieu ! ne permets pas que mon cœur soit
parjure.

SCENE IV.

LES PRÉCÉDENS, UN GUERRIER.

LE GUERRIER.

CET Espagnol brûlant d'impatience,
Arrive dans l'inftant, affemble fes foldats.
Un grand deffein femble hâter fes pas ;
Vers le palais on le voit qui s'avance.

ATALIBA.

Allons le recevoir, hâtons-nous, fa préfence
Va décider du deftin des Incas.

(Ils fortent.)

LE GRAND-PRETRE.

Allez aux pieds du fanctuaire,
Belle Cora, le Dieu qui l'habite & l'éclaire
Va vous combler de fes faveurs.

CORA.

Ma mere ne me quittez pas.

B 2

ZILIA.

Tes regrets déchirent mon ame.

CORA.

Mon pere, ne me quittez pas.

ZEMOR.

Nous cédons à la voix du Dieu qui te réclame :

CORA.

Non, je ne puis m'arracher de vos bras.

ENSEMBLE.

Non, je ne puis m'arracher de vos bras.

Fin du premier Acte.

ACTE SECOND.

Le lieu de la Scène est le même qu'au premier Acte.

SCENE PREMIERE.

ATALIBA, ALONZO, GUERRIERS, PEUPLE.

ALONZO.

Hascar poursuit toujours ses barbares projets : Il n'est plus d'espoir pour la paix.

LES GUERRIERS.

Nous l'y forcerons par les armes.

LE PEUPLE.
Calmez, diſſipez nos allarmes.

ALONZO.
Je marche à votre tête; amis, ſoyez tous prêts.

ATALIBA.

Qu'il eſt cruel de combattre ſon frere!

ALONZO.

Rien n'a pu dompter ſa colere.
La juſtice, les loix, le ſouvenir d'un pere,
Rien n'eſt ſacré pour lui.

ATALIBA.

Généreux Etranger, vous êtes notre appui,
Votre valeur nous devient néceſſaire.

ALONZO.

N'en doutez pas, je combats, je vous ſers.
Haſcar ſaura ce que peut ma vaillance.
Le lâche! il m'a chargé de fers,
Mais je les ai briſés, je vole à la vengeance.
Il penſe nous ſurprendre autour de ces remparts.

N'attendons pas qu'il nous prévienne,
Armons-nous, armons-nous, votre cause est la
mienne;
Qu'il soit enveloppé surpris de toutes parts :
Qu'il fuye à nos premiers regards.

ATALIBA.

Que le Pontife & les Prêtresses
Près de ce temple auguste arment nos bras vengeurs;
(*En regardant Alonzo.*)
Ma cause est juste, ô ciel! l'espoir que tu nous laisses
Va nous rendre vainqueurs.
(*Un Guerrier sort.*)

ALONZO.

Mais pourquoi de Cora ne vois-je pas le pere?
Zemor le chef des plus nobles guerriers,
Toujours dans les combats s'est couvert de lauriers.
A ses prospérités le sort n'est point contraire.

ATALIBA.

Zemor obtient du ciel la plus haute faveur.

ALONZO.

Le ciel bénit toujours son heureuse famille?

A T A L I B A.

L'honneur qu'il reçoit de sa fille
L'éleve au faîte du bonheur.

A L O N Z O.

Je vous crois, & quel pere eut un plus beau partage.
Je sens enflammer mon courage,
Je veux combattre sous ses yeux ;
Je mérite votre suffrage
Par les faits les plus glorieux.

S C E N E I I.

Les Précédens, PRETRES et PRETRESSES.

*Les armes sont déposées à l'entrée du Temple sur
un Autel dressé pour cette cérémonie. Les Pré-
tres les y bénissent, & pendant cette cérémonie
ils disent.*

CHŒUR DE PRETRES.

Dieu juste ! Dieu puissant favorise nos armes,
Pour jamais de ces bords écarte les allarmes.

A T A L I B A.

ATALIBA (en montrant Alonzo.)

Voilà le défenseur, l'ami de votre Roi.

On arme les Guerriers, & tandis que tout est en mouvement sur la Scene, Alonzo & Cora se rencontrent & forment l'avant-scene.

C O R A.

Alonzo ! justes Dieux !

A L O N Z O.

Est-ce elle que je vois ?
Cora, c'est vous ? … quoi vous m'êtes ravie ?…

C O R A.

Prenez ce fer vengeur, défendez ma patrie ;
Il ne m'est plus permis de former d'autres vœux.

A L O N Z O.

Oui, je la défendrai, mais au prix de ma vie;
Le jour me devient odieux.

U N   G U E R R I E R.

Aux pieds de ces remparts Hascar vient de paroître;
Son geste & ses regards annoncent son courroux.

C

ALONZO.

Jamais de ces remparts il ne fera le maître.

ATALIBA à Alonzo.

Mon cœur de cet efpoir fe repofe fur vous.

T O U S.

Volons à l'ennemi, qu'il tombe fous fes coups.

LES PRETRES.

» Dieu jufte! Dieu puiffant, favorife nos armes!

LES PRETRESSES.

» Pour jamais de ces bords écarte les allarmes!
» Ramene la paix parmi nous!

S C E N E III.

C O R A.

Dans quel tranfport vient-il de quitter fon
amante?...
Et moi? j'ai pu cacher dans mon ame brûlante
Le cri de mes tourments, l'excès de mon amour...
S'il périt!... ah! c'eft moi qui lui ravis le jour,

Mais je m'en punirai fur ce cœur qui l'outrage.
Ciel laiffe ce héros maître de fon courage!
Qu'il venge ma patrie & revienne vainqueur !
Qu'il vive ! de Quito qu'il reçoive l'hommage !
Et dans ce jour cruel quelque foit mon partage ,
De mon fort à ce prix je chéris la rigueur.
Quoi ! renoncer à lui ? moi j'en ferois capable ?..
A fon feul fouvenir un charme inexprimable
   Pénétre , enivre tous mes fens.
   Je le fuis par-tout, je l'entends,
Je crois toujours le voir ce mortel trop aimable.
Que fais-tu malheureufe ? hélas, & dans quel tems !.
   Quelle eft ma trifte deftinée !
Un abîme eft par-tout entrouvert fous mes pas.
Seule en ces lieux déferts , plaintive, abandonnée,
Mon cœur va fe livrer de ftériles combats ,
  Et je me vois pour jamais condamnée
A contraindre ma flamme ou pleurer fon trépas.
   Non , non, je ne puis y furvivre.
Qui me délivrera de l'horreur où je fuis ?
Parens ! foleil ! amans ! je vous ai tous trahis,
Mes fermens font affreux, & la mort va les fuivre.

C O R A.

Qu'entends-je ? … quels cris !

C 2

Rien ne peut réfister à fon bras invincible!...
Et c'eft à ce héros qu'il me faut renoncer?
          Grand Dieu, que mon fort eft horrible!
Quels fermens! & ma bouche a pu les prononcer.
Ah! s'il fe peut, allons à mon devoir fidelle
          Chercher la paix dans ce féjour....
          Malheureufe! fatal amour!
O devoir! ô vertu!.. je ne vis plus pour elle.

SCENE IV.

ATALIBA, ALONZO, GUERRIERS, PEUPLE.

CHŒUR.

Alonzo voloit aux combats,
Semblable au Dieu de la guerre.
La mort par-tout marquoit fes pas.
Devant lui tout fuyoit, ou mordoit la pouffiere;
Alonzo voloit aux combats,
Semblable au Dieu de la guerre.

ATALIBA à Alonzo.

Nos ennemis ont enfin réfifté;
C'eft à votre valeur que je dois la victoire.

'ALONZO d'un air accablé.

J'ai satisfait aux droits de l'hospitalité ;
Je le devois... voilà toute ma gloire.

ATALIBA.

Guerriers, déployez ces drapeaux,
Enlevez aux vaincus de ses mains triomphantes ;
Rassemblez près de ce héros,
De sa valeur les marques éclatantes.
Qu'il reçoive le prix de ses nobles travaux.

CHŒUR DU PEUPLE.

Nos jours heureux vont reparoître ;
Votre valeur nous assure la paix.
Nous jouissons de vos bienfaits :
Jouissez des plaisirs que vous faites renaître.

(*On danse.*)

'ALONZO.

Votre zele flatte mon cœur ;

A vos transports touchans je sens couler mes larmes.
Quel jour ?...pour Alonzo, qu'il auroit eu de
charmes ;

Mais de mon fort helas ! l'inflexible rigueur
         M'a fait naître pour le malheur ;
Et je ne puis jouir du fuccès de vos armes.

T O U S.

Le jour de votre gloire eft un jour malheureux ?

A L O N Z O.

Ataliba , guerriers , peuple doux & fenfible
De mon cœur attendri vous avez tous les vœux.
         Sort cruel ! Sort inflexible !
Faut-il donc les quitter ces rivages heureux ? ..

A T A L I B A.

      De l'Efpagnol les foudres belliqueux
Portent dans ces climats la mort & l'épouvante.
      Depuis long-temps mon ame impatiente
Attendoit ces brigands fur ces bords généreux.
J'efperois que mon bras jufqu'alors invincible
         Auroit etonné leur fureur.
         Ils auroient vu que la valeur
Quand on combat pour vous eft cent fois plus terrible.

T O U S.

Que l'Efpagnol paroiffe & qu'il tremble à fon tour

ALONZO.

Le feu qui m'animoit s'est éteint sans retour,
Je n'ai plus de vertu, j'ai perdu mon courage.

ATALIBA.

Que dites-vous? & quel est ce langage?

ALONZO.

De vos loix, de vos dieux, mon malheur est l'ouvrage,
Que n'ai-je péri dans ce jour !

ATALIBA.

Ah ! versez dans mon sein ce funeste mystere :
Parlez & vos vœux son remplis.

ALONZO.

Pardonne Ataliba ce secret... je ne puis...
Je dois loin de ces bords fuir avec ma misere.

ATALIBA.

Quoi! vous voulez quitter ces rivages chéris !
Non: nous ne perdrons point notre ami, notre frere

LE CHŒUR.

Quoi! vous voulez quitter, &c.

ALONZO.

Que ces noms me son chers! mes freres ! mes amis !
Puissiez-vous éprouver un sort toujours prospere.

ALONZO avec le Chœur.

Faut-il donc les quitter.

　　　　　　　　Ces rivages chéris.

Vous ne quitterez point

LE *CHŒUR.*

Non: nous ne perdrons point notre ami, notre frere

ALONZO.

O mes freres! O mes amis !

Vos regrets, votre amour aggravent ma mifere.

TOUS.

Jufqu'au dernier foupir nous refterons unis :
Non: nous ne perdrons point notre ami, notre frere

Fin du Second acte.

ACTE

ACTE TROISIEME.

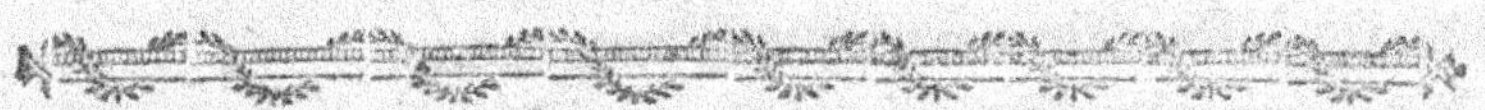

Le Théâtre repréſente un payſage, & des mon-
tagnes dans le lointain ; à droite eſt la de-
meure des Vierges conſacrées au Soleil.

SCENE PREMIERE.

ALONZO.

Lieu ſolitaire ! aſyle impénétrable
Aux charmes de l'amour, à la paix, au bonheur !
Murs qui cachez l'objet le plus aimable !
Vous oppoſez en vain à ma brûlante ardeur
Une barriere inſurmontable.

Oui, dans mon déſeſpoir j'oſerai tout tenter.

D

Je briserai ses fers, l'amour sera mon guide:
Les périls les plus grands n'ont rien qui m'intimide.
A mes Guerriers, à moi qui pourra résister !
Mais le ciel s'obscurcit, je sens trembler la terre ;
     Quel trouble agite les airs ?
Tous les vents déchaînés se déclarent la guerre. . .
     Le feu rapide des éclairs. . .
     Le bruit effrayant du tonnerre ,
De sa destruction menace l'univers.
Ciel , protege Cora , daigne veiller sur elle !
     Arrête tes foudres vengeurs !
Quand tu formâs son cœur , quand tu la fis si belle ,
     Tu lui donnâs des droits à tes faveurs :
     Arrête tes foudres vengeurs !

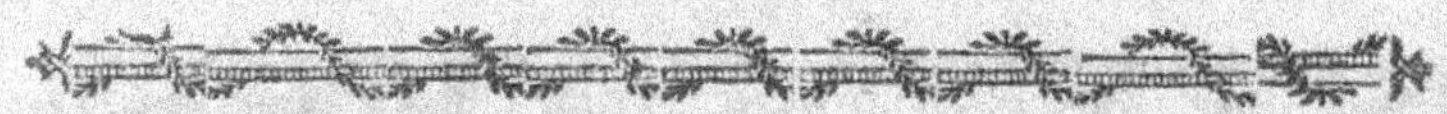

SCENE II.

LES VIERGES, ALONZO, *dans l'enfoncement.*

CHŒUR DE VIERGES.

SOLEIL ! Dieu puissant & terrible !
Epargne nos cœurs innocens.

(*D'autres qui arrivent en défordre*).

Dieu du Pérou ! Dieu vengeur fois fenfible
A nos foupirs, à nos gémiffemens !

ENSEMBLE.

Soleil ! Dieu puiffant, &c. &c.

ALONZO.

Dans ce défordre épouvantable ,
Je ne fais quelle joie a paffé dans mon cœur.
Ces tems de trouble & de terreur
Etonnent le mortel ivre de fon bonheur,
Et font l'efpoir du miférable.
Courons fauver Cora ; que mon bras fecourable
Devienne fon libérateur.

SCENE III.

CORA.

OU fuis-je ?.. où fuir ?.. quelle horreur m'en-
vironne ?
Que de maux fur ma tête affemblés en ce jour !
Le défefpoir me fuit. . . la force m'abandonne. . .

Tout me déchire tour-à-tour
Et mes remords & mon amour.

Epoux que je trahis appaife-toi ! pardonne !
Pour éteindre mes feux que n'ai-je point tenté ?
Mais un penchant irréfiftible,
Entraîne malgré moi mon ame trop fenfible
Et commande à ma volonté.

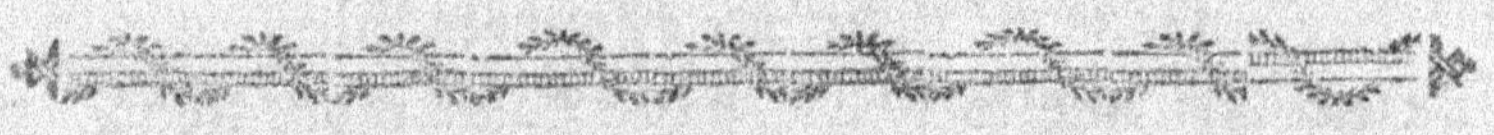

SCENE IV.

CORA, ALONZO.

ALONZO.

QUELLE Vierge s'offre à ma vue ?
C'eft elle, c'eft Cora ! .. que ce jour eft heureux !
Jufte ciel, tu me l'as rendue !
Cora ? ..

CORA.

Qu'entends-je !

ALONZO.

Ouvrez les yeux :
Reconnoiffez la voix qui vous appelle.

CORA.

Eh! quel mortel audacieux,
Ose braver ici les vengeances des cieux?

ALONZO.

C'est Alonzo, l'amant le plus fidele;
Des mortels le plus amoureux.

CORA.

Alonzo!.. je respire.. est-ce vous?. dans ces lieux..
Que venez-vous chercher dans ce séjour funeste?

ALONZO.

J'y viens prendre soin de vos jours.

CORA.

Je crains pour vous,… pour moi la colere céleste.
J'ai trahi mes sermens, je vous aimois toujours.

ALONZO.

Du Ciel enfin sur moi la bonté se déclare.

CORA.

Qu'ai-je dit?. … je m'égare:
Le Ciel contre nous se déclare.

ALONZO.

Le Ciel conduit les cœurs, il nous avoit unis.

   C O R A,

C O R A.

Nos liens font rompus ; j'ai juré, j'ai promis,

A L O N Z O.

As-tu pu fans remords, à mes maux infenfible
Abjurer tes premiers fermens ?

C O R A.

Cher Alonzo ! non il n'eft pas poffible
De peindre ma douleur dans ces cruels momens.

En proie à mon amour extrême,
Je t'appellois à mon fecours :
J'allois avouer que je t'aime ;
J'ofois invoquer ce Ciel même,
Seul confident de nos tendres amours.
Je n'ai cédé qu'à la contrainte :
On menaçoit mes jours d'un finiftre avenir,
Si je me permettois la plainte.
Et dans mon trouble hélas ! je n'ai fu qu'obéir.

A L O N Z O.

Ah ! s'il en eft ainfi, ton cœur eft libre encore.

CORA.

Je ne puis bannir mes frayeurs.

ALONZO.

Peux-tu craindre quand je t'adore ?

CORA.

Oui, malgré moi, je fens couler mes pleurs.

ALONZO.

Rends-moi ton cœur, ceffe d'être parjure.

CORA avec effroi.

Dans ces horreurs de la nature,
Je crois voir un Dieu menaçant.

ALONZO.

Sans ce prodige heureux qu'auroit fait ton amant ?
Viens,

CORA.

Laiffe-moi : du Ciel j'irrite la colere.

ALONZO.

Viens, les momens font chers,

C O R A.

Quelle affreuse lumiere ! . . .
Entends-tu ce frémiſſement ?
Ce bruit ſourd qui s'étend dans le ſein de la terre.

A L O N Z O.

Cora, raſſure tes eſprits.
Fuyons :

C O R A.

Non : mes ſermens ne feront point trahis.

A L O N Z O.

A mes tourmens ceſſe d'être inflexible.

C O R A.

Soleil ! que ton courroux eſt ſévere & terrible !

A L O N Z O.

Fuyons de ce ſéjour de mort.

C O R A.

Eloigne-toi ; ceſſe de l'entreprendre.

A L O N Z O.

Je frémis ſur ton ſort

CORA

CORA.

Je frémis de t'entendre.

ALONZO.

Tes jours font menacés.

CORA.

Le Temple eft ébranlé,
La terre entrouvre fes abîmes!...

ALONZO.

La foudre gronde au loin...l'éclair a redoublé.

CORA.

A tes yeux, mon amour eft le plus grand des crimes;
Eh bien! frappe;

O foleil! Dieu puiffant & jaloux!
Immole, immole à ton courroux
Une amante égarée, une époufe coupable,
Et dans ta vengeance implacable
Sur ce cœur expirant épuife tous tes coups.

E

C O R A,

ALONZO.

Quel fracas !

C O R A.

Je me meurs.

ALONZO.

En ce péril extrême
Sauvons les jours de ce que j'aime.

(*Il l'entraîne.*)

Fin du troisieme Acte.

ACTE QUATRIEME.

Le Théâtre repréfente un Payfage.

SCENE PREMIERE

ALONZO, CORA.

ALONZO.

Tout semble partager notre félicité :
Vois, Cora, comme la nature
Jouit de sa tranquillité.
La terre a repris sa parure,
Et les Cieux leur sérénité.

CORA.

Dans ces aimables lieux mon œil est enchanté,

E 2

Et je fens près de toi que mon cœur fe raffure.

ALONZO.

Compte fur ton amant, il conduira tes pas ;
    Loin de ces bords, dans un plus sûr afyle :
        C'eft-là qu'heureufe & tranquille,
Tu me verras toujours adorer tes appas.

CORA.

    Oui, j'en accepte l'efpérance,
    Mon cœur s'abandonne à ta voix.
    Il fut toujours fans défiance,
    De l'amour les plus faintes loix
    Me répondent de ta conftance.
    Sois mon amant, fois mon époux….
Il n'eft rien fous les cieux que je ne facrifie
    Pour conferver des nœuds fi doux ;
    Tu le vois … pour toi feul j'oublie
    Mes parens, mes Dieux, ma patrie. …
    Ah ! parle-moi de ton amour :
Cher Alonzo, je tremble … hélas ! fi quelque jour…

ALONZO.

Moi ! te trahir jamais ? ah ! tant que je refpire,
    Puis-je ceffer de t'adorer ?

Dans le calme des sens, dans l'excè du délire,
Toujours de tes vertus je révere l'empire,
Et du plus tendre amour je me sens pénétrer.
Ce sentiment que ta beauté m'inspire
Est le seul dont mon cœur se plaise à s'honorer.

CORA.

La douceur que je trouve à te l'entendre dire
Suffiroit pour m'en assurer.

SCENE II.

LES PRÉCÉDENS, PRETRES.

LES PRETRES.

O la parjure! ô l'infidelle!
Que sont devenus tes sermens?

CORA.

Alonzo!.. je frémis… entends-tu ces accens!..

LES PRETRES.

O la parjure! ô l'infidelle!
Que sont devenus tes sermens?
Puisse ta flamme criminelle
Rassembler dans ton cœur les plus affreux tourmens.

C O R A.

Il est trop vrai, je suis coupable.

A L O N Z O.

Arrête, Ciel inexorable !
Viens, suis-moi.

C O R A.

Je ne puis.
Cher Alonzo, je t'adore & te fuis.

A L O N Z O.

Veux-tu donner la mort à l'amant le plus tendre !
Pourrois-tu trahir mon amour ?

C O R A.

Ciel ! voudrois-tu me voir répandre
Le sang qui m'a donné le jour ?

A L O N Z O.

Calme la frayeur qui t'égare.

C O R A.

Apprends qu'une loi barbare
Rend tous les miens complices de mon sort.
Déja ma fuite leur prépare
Les tourmens, la honte & la mort,

ALONZO.

Loi barbare ! rigoureux fort !

ENSEMBLE avec effroi.

Leur trépas feroit notre ouvrage ?...

CORA.

Cher amant, laisse-moi te fuir :
Que ta vertu m'anime & m'encourage.
Je vais les sauver & mourir.

ALONZO.

Non, tu ne mourras point, & ce bras indomp-
table

T'arracheroit des mains de ces Prêtres cruels.
Tout prêts à l'immoler, ma vengeance implacable
Tomberoit à l'inftant fur leur tête coupable,
Et le fang couleroit aux pieds de leurs autels.

CORA.

Modere tes tranfports, n'expofe point ta vie :
Tu redoubles mon défefpoir.

ALONZO.

Il ne fe fera pas ce facrifice impie ;
Arrête.

CORA.

Quoi ? mes pleurs ne peuvent t'émouvoir.

ALONZO.

Peux-tu me fuir, barbare?

CORA.

O rigoureux devoir!

ENSEMBLE.

Ciel! quel tourment insupportable!

ALONZO.

Et tu vois sans pitié la douleur qui m'accable?

CORA.

Tes reproches cruels me déchirent le cœur.

ENSEMBLE.

Le sort, du faîte du bonheur,
Nous a précipités dans un affreux abîme.

ALONZO.

Suis-moi, bravons le sort.

CORA.

Chaque instant est un crime.

ALONZO.

Va, pars, va le remplir ce devoir rigoureux.
Et moi, sans plus attendre,
Je vole à mes guerriers, & je cours vous défendre.

CORA.

CORA.

Cher Alonzo !.. puiſſé-je en ce jour malheureux,
Sur moi ſeule attirer tout le courroux des Cieux !

(*Le Théâtre change & repréſente un lieu voiſin
de la Ville au pied d'une colline : le pere, la
mere, toute la famille de Cora y ſont amenés
pour être immolés.*)

SCENE III.

ATALIBA, ZEMOR, ZILIA, LE GRAND-
PRETRE, PRETRES, LES GRANDS DE
L'EMPIRE, GUERRIERS, PEUPLE.

CHŒUR DES PRETRES.

Dieu jaloux ! Dieu de la lumiere !
Loin de ton peuple, loin de nous,
Daigne détourner ta colere.
Si ton épouse adultere
Fuit, échappe à nos coups,
Qu'elle n'échappe point aux traits de ton tonnerre !

F

LE PEUPLE.

O honte ! ô crime ! ô trop funeste amour ! ...

LE GRAND-PRETRE.

Quel attentat horrible a troublé ce séjour ! ...
Des filles du soleil l'enceinte est profanée ! ...
Race trop malheureuse à périr condamnée.

ATALIBA.

Ainsi donc l'innocent périt pour le coupable ?
Sort cruel ! rigoureuse loi !

TOUS.

Sort cruel ! rigoureuse loi.

LE GRAND-PRETRE.

La justice des cieux sans doute est redoutable :
Qu'elle inspire à nos cœurs le respect & l'effroi.

TOUS.

Sort cruel ! rigoureuse loi !

SCENE IV.

LES PRÉCÉDENS, CORA.

CORA.

Arrêtez, arrêtez, cruels, qu'allez-vous faire ?
C'est moi seule qu'il faut punir.

TOUS.

Cora ? Ciel !

ATALIBA.

Suspendons une loi trop sévere.

ZEMOR ET *ZILIA.*

Qu'as-tu fait malheureuse ? ah ! laisse-nous mourir.

CORA.

Je vous revois, ô Zemor ! ô ma mere !
Je puis sauver vos jours ! .. je n'ai plus de remords.
Si mon trépas est nécessaire,
Je saurai sans rougir descendre chez les morts.

LE PEUPLE.

Dieux ! que son sort est déplorable !
Soyez touchés de ses regrets !

LE GRAND-PRETRE.

Etouffez dans vos cœurs cette pitié coupable:
Quand le ciel a parlé respectez ses décrets.

LE PEUPLE.

Dieux ! que son sort, &c...

CORA.

J'aimois, & j'étois adorée;
Je brise les nœuds les plus doux.
Je trahis mon amant ; je l'expose à vos coups.
Sans doute avec douleur je m'en suis séparée.
Sans lui, sans son amour le jour m'est odieux ;
Je le dis à la terre, aux cieux.
Aux pieds de nos autels j'adorois son image ;
Il étoit tout pour moi, ma patrie & mes dieux.
A ce mortel si grand, lorsque tout rend hommage,
Parlez, qui de vous aujourd'hui
Osera me blâmer d'avoir brûlé pour lui.

LE GRAND-PRETRE.

Interprête des loix, tremblez de faire grace.
Vous êtes Roi, poursuivez les pervers,
Punissez le coupable, exterminez sa race,

Et de son sang impur délivrez l'univers.

ATALIBA.

Je ne puis ordonner cet affreux sacrifice.

LE GRAND-PRETRE.

Frappez, le Ciel est offensé ;
La foudre & les éclairs n'ont-ils pas annoncé
Qu'il demande justice ?

SCENE DERNIERE.

LES PRÉCÉDENS, ALONZO, ET SES GUERRIERS.

ALONZO.

Pretres cruels ! quelles sont vos fureurs ?

CORA.

Alonzo !... je me meurs.

ALONZO.

Et voilà de vos loix le noble & saint usage ?

CORA à part.

Ciel ! sauve mon amant, éclaire son courage !

A L O N Z O.

Chere Cora , je réponds de vos jours :
Croyez en mes fermens , j'en jure fur ma vie.
Braves amis , mon cœur vous la confie :
Ai-je pour la fauver befoin d'autre fecours ?

L E S   P R E T R E S.

Souffrirons-nous qu'un mortel nous menace ,
Puniffez fa rebelle audace.

A T A L I B A.

Alonzo , refpectez & nos loix & nos dieux ,
Et que prétendez-vous ?

A L O N Z O.

D'un joug trop odieux
Délivrer ces belles contrées ,
Détruire des loix abhorrées ,
Vous épargner un crime affreux.
Défendre ce que j'aime ;

A T A L I B A.

O regrets !

L E S   P R E T R E S.

O vengeance !

ATALIBA.

Et qui vous a chargé du soin de sa défense?

ALONZO.

Elle est à moi par les nœuds les plus saints ;
Si j'ai servi l'Etat, elle est ma récompense.
Son cœur est le seul prix digne de ma vaillance.
(*avec force.*)
Nous resterons unis quelque soient nos destins.
Et s'il faut qu'il s'accomplisse,
Ce barbare sacrifice,
Venez, si vous l'osez, l'arracher de mes mains.

GUERRIERS AMÉRICAINS.

C'est ce héros dont la vaillance
A décidé la victoire pour nous.

GUERRIERS ESPAGNOLS.

C'est ce héros dont la vaillance
A toujours combattu pour vous.

TOUS.

O ciel ! appaise ton courroux.

LE PEUPLE.

En faveur d'un héros laisse agir ta clémence.

A L O N Z O.

Ataliba pardonne à l'amour en fureur.
Je fais respecter ta puissance.....
Toi-même peux-tu voir ce spectacle d'horreur!
Eh ne sens-tu pas l'innocence
Protégée au fond de ton cœur?

L E   P E U P L E.

Et ne sens-tu pas, &c. &c. &c...

G U E R R I E R S.

C'est ce héros dont la vaillance, &c...

T O U S.

O ciel! appaise ton courroux.

LE PEUPLE se prosternant.

Vois tout un peuple à tes genoux.

LE GRAND-PRETRE.

Le Ciel qui vous entend vous prête son secours.
Sensible à vos transports le Dieu de la lumiere
S'appaise, & de son peuple écoute la priere.

LE

LE ROI.

Ah ! ce jour est pour moi le plus beau de mes jours.
(*à Cora & à ses parens.*)
Soyez libre, vivez,

TOUS.

Grands Dieux ! le puis-je croire.

ALONZO et *CORA.*

Je vivrai pour t'aimer ?

ZEMOR et *ZILIA.*

O mon Roi !

ALONZO.

Ta bonté
Eternisera ta mémoire ;
Dans tous les tems on dira pour ta gloire,
Ataliba servit l'humanité.

ZILIA.

O ma fille !

CORA.

O ma mere !

ZILIA.

Ah ! tout ce que j'aimois ;

G

Je le posséde encor

Z E M O R.

Objet de tant d'allarmes,
Viens dans mes bras essuyer mes larmes.

C O R A.

O mon pere !

T O U S.

O mon Roi ! jouis de tes bienfaits.

C H Œ U R.

Les Dieux dont tes vertus sont la vivante image,
Du haut des cieux approuvent ton ouvrage ;
Ils ont fixé sur toi leurs regards satisfaits.

F I N.